화엄경 제7권 보현삼매품 해설

화엄경 제7권에는 보현삼매품과 세계성취품이 들어있다.
먼저 보현삼매품에는 보현보살이 연화장 사자좌에 앉아 비로자나여래 장신삼매에 드니(pp.1~5) 시방여래가 찬탄하였다.
"① 이는 비로자나의 본원력고(本願力故)며
② 모든 부처님들의 행원력고(行願力故)고
③ 능히 일체 불법을 전륜(轉輪)하는 까닭이며
④ 일체 여래의 지혜를 나타내고자 하는 까닭이다."
등 열두 가지 이유를 밝히고(pp.6~7), 性力智·無邊智 등 열 가지 지혜를 부여하고(pp.8~9), 오른 손으로 마정수기 하였다.(pp.10~12)

보현보살이 이 삼매로부터 일어나(pp.13~14) 여러 가지 미진수 삼매와 다라니·방편·변재·수행·보조법·지혜를 얻어 10종 마니운을 일으켰다.(pp.15~19) 그때 모든 부처님의 털 구멍에서 노래소리가 들려왔다.
"普賢徧住於諸刹 ~ 佛光雲中讚功德" (pp.20~25)
그때 모든 보살들이 보현보살을 찬탄하였다.
"從諸佛法而出生 ~ 一切諸佛皆隨喜" (pp.26~31)

세계성취품에서는 보현보살이 부처님의 신력에 힘입어 세계와 중생들을 보살펴보고 부처님의 위신력으로 20불가사의 세계를 보여주며(pp.33~38) 게송을 읊었다.
"智慧甚深功德海 ~ 是佛所行應諦聽" (pp.42~48)
그리고 세계가 일어나게 된 동기(因緣) 등 열 가지 일을 구체적으로 설했다.
① 세계의 인연(pp.48~59)   ② 세계의 所依住(pp.58~74)
③ 세계의 갖가지 모습(pp.73~79) ④ 세계의 體性(pp.80~85)
⑤ 세계의 장엄(pp.86~94)   ⑥ 세계의 청정방편(pp.94~101)
⑦ 세계의 佛出世(pp.102~109) ⑧ 세계의 劫住(pp.109~117)
⑨ 세계의 겁전변(pp.117~123) ⑩ 세계의 차별(pp.129~132)

如 여	承 승	名 명	藏 장			
爾 이	來 래	佛 불	一 일	身 신	普 보
時 시	前 전	神 신	切 체		入 입
普 보	坐 좌	力 력	諸 제		一 일
賢 현	蓮 연	入 입	佛 불		切 체
菩 보	華 화	于 우	毘 비		佛 불
薩 살	藏 장	三 삼	盧 로		平 평
摩 마	師 사	昧 매	遮 자		等 등
訶 하	子 자	此 차	那 나		性 성
薩 살	之 지	三 삼	如 여		能 능
於 어	座 좌	昧 매	來 래		於 어

사경의 공덕은 십만억 부처님께 공양한 것과 같은 공덕이 있습니다.   大方廣佛華嚴經 1

佛 불	安 안	明 명	納 납	出 출	於 어	法 법
力 력	立 립	海 해	十 십	生 생	虛 허	界 계
解 해	海 해	皆 개	方 방	一 일	空 공	示 시
脫 탈	悉 실	從 종	法 법	切 체	法 법	衆 중
諸 제	能 능	此 차	界 계	諸 제	界 계	影 영
菩 보	示 시	生 생	三 삼	三 삼	海 해	像 상
薩 살	現 현	十 십	世 세	昧 매	漩 선	廣 광
智 지	舍 함	方 방	諸 제	法 법	靡 미	大 대
能 능	藏 장	所 소	佛 불	普 보	不 불	無 무
令 령	一 일	有 유	智 지	能 능	隨 수	礙 애
一 일	切 절	諸 제	光 광	包 포	入 입	同 동

사경의 공덕은 십만억 부처님께 공양한 것과 같은 공덕이 있습니다.

世세		絶절	所소	示시	法법	切체
尊존	如여		有유	如여	界계	國국
前전	此차		法법	來래	成성	土토
入입	世세		輪륜	諸제	就취	微미
此차	界계		流류	大대	一일	塵진
三삼	中중		通통	願원	切체	普보
昧매	普보		護호	海해	佛불	能능
如여	賢현		持지	一일	功공	容용
是시	菩보		使사	切절	德덕	受수
盡진	薩살		無무	諸제	海해	無무
法법	於어		斷단	佛불	顯현	邊변

사경의 공덕은 십만억 부처님께 공양한 것과 같은 공덕이 있습니다.

一 일	刹 찰	有 유	此 차	能 능	礙 애	界 계
一 일	中 중	世 세	國 국	到 도	廣 광	虛 허
佛 불	有 유	界 계	土 토	佛 불	大 대	空 공
前 전	世 세	海 해	所 소	身 신	光 광	界 계
有 유	界 계	微 미	有 유	所 소	明 명	十 시
世 세	海 해	塵 진	微 미	現 현	佛 불	方 방
界 계	微 미	數 수	塵 진	一 일	眼 안	三 삼
海 해	塵 진	佛 불	一 일	切 체	所 소	世 세
微 미	數 수	刹 찰	一 일	國 국	見 견	微 미
塵 진	諸 제	一 일	塵 진	土 토	佛 불	細 세
數 수	佛 불		一 일	中 중	及 급	力 력
						無 무

사경의 공덕은 십만억 부처님께 공양한 것과 같은 공덕이 있습니다.

大方廣佛華嚴經 4

普賢菩薩皆亦入此一切諸佛毘盧遮那如來藏身三昧

爾時一切諸佛普賢菩薩來入此藏身三昧前皆有彼

十方一切諸佛同聲讚言善哉善哉善男子汝能入此

毘盧遮那如來藏身菩薩諸善

사경의 공덕은 십만억 부처님께 공양한 것과 같은 공덕이 있습니다.

悉실	慧혜	佛불	佛불	本본	共공	昧매
無무	海해	法법	行행	願원	加가	佛불
餘여	故고	輪륜	願원	力력	於어	子자
故고	普보	故고	力력	故고	汝여	此차
令령	照조	開개	故고	亦역	以이	是시
一일	十시	顯현	所소	以이	毘비	十시
切체	方방	一일	謂위	汝여	盧로	方방
衆중	諸제	切체	能능	修수	遮자	一일
生생	安안	如여	轉전	一일	那나	切체
淨정	立립	來래	一일	切체	如여	諸제
治치	海해	智지	切체	諸제	來래	佛불

사경의 공덕은 십만억 부처님께 공양한 것과 같은 공덕이 있습니다.

大方廣佛華嚴經 6

能능	法법	實실	切체	諸제	大대	雜잡
持지	門문	相상	佛불	佛불	國국	染염
一일	故고	增증	功공	境경	土토	得득
切체	了료	智지	德덕	界계	無무	清청
諸제	知지	慧혜	故고	無무	所소	淨정
佛불	一일	故고	能능	障장	著저	故고
如여	切체	觀관	入입	礙애	故고	普보
來래	衆중	察찰	一일	故고	深심	攝섭
敎교	生생	一일	切체	普보	入입	一일
文문	根근	切체	諸제	示시	一일	切체
海해	故고	諸제	法법	一일	切체	諸제

사경의 공덕은 십만억 부처님께 공양한 것과 같은 공덕이 있습니다.

一일	知지	智지	智지	普보	故고
切체	一일	與여	性성	賢현	爾이
衆중	切체	成성	力력	菩보	時시
生생	世세	就취	智지	薩살	十시
界계	界계	一일	與여	摩마	方방
廣광	海해	切체	入입	訶하	一일
大대	成성	佛불	法법	薩살	切체
智지	壞괴	境경	界계	能능	諸제
與여	智지	界계	無무	入입	佛불
住주	與여	智지	邊변	一일	卽즉
諸제	知지	與여	量량	切체	與여

사경의 공덕은 십만억 부처님께 공양한 것과 같은 공덕이 있습니다.

大方廣佛華嚴經 8

賢 현	聲 성	世 세	輪 륜	與 여	智 지	佛 불
菩 보	智 지	界 계	辭 사	知 지	與 여	甚 심
薩 살	如 여	海 해	辯 변	一 일	入 입	深 심
蒙 몽	此 차	身 신	智 지	切 체	一 일	解 해
諸 제	世 세	智 지	與 여	衆 중	切 체	脫 탈
佛 불	界 계	與 여	普 보	生 생	菩 보	無 무
與 여	中 중	得 득	入 입	語 어	薩 살	差 차
如 여	如 여	一 일	法 법	言 언	諸 제	別 별
是 시	來 래	切 체	界 계	海 해	根 근	諸 제
智 지	前 전	佛 불	一 일	轉 전	海 해	三 삼
如 여	普 보	音 음	切 체	法 법	智 지	昧 매

사경의 공덕은 십만억 부처님께 공양한 것과 같은 공덕이 있습니다.

好 호	摩 마		故 고	是 시	是 시
莊 장	普 보	是 시		何 하	一 일
嚴 엄	賢 현	時 시		以 이	一 일
妙 묘	菩 보	十 십		故 고	切 체
網 망	薩 살	方 방		證 증	塵 진
光 광	頂 정	諸 제		彼 피	中 중
舒 서	其 기	佛 불		三 삼	所 소
香 향	手 수	各 각		昧 매	有 유
流 류	皆 개	舒 서		法 법	普 보
焰 염	以 이	右 우		如 여	賢 현
發 발	相 상	手 수		是 시	悉 실
					亦 역
					如 여
					海 해

사경의 공덕은 십만억 부처님께 공양한 것과 같은 공덕이 있습니다.

是시	菩보	皆개	淨정	菩보	在재	復부
一일	薩살	於어	法법	薩살	神신	出출
切체	爲위	中중	輪륜	普보	通통	諸제
世세	十십	現현	及급	賢현	之지	佛불
界계	方방	如여	三삼	願원	事사	種종
海해	佛불	此차	世세	海해	過과	種종
及급	所소	世세	佛불	一일	現현	妙묘
彼피	共공	界계	所소	切체	未미	音음
世세	摩마	中중	有유	如여	來래	及급
界계	頂정	普보	影영	來래	一일	以이
海해	如여	賢현	像상	淸청	切체	自자

사경의 공덕은 십만억 부처님께 공양한 것과 같은 공덕이 있습니다.

一	是		三	一	門	差
일	시		매	일	문	차
爲	爾	而	切	起	別
위	이	이	체	기	별
十	時	起	世	所	善
시	시	기	세	소	선
方	普	從	界	謂	巧
방	보	종	계	위	교
佛	賢	此	海	從	智
불	현	차	해	종	지
之	菩	三	微	知	三
지	보	삼	미	지	삼
所	薩	昧	塵	三	昧
소	살	매	진	삼	매
摩	卽	起	數	世	門
마	즉	기	수	세	문
頂	從	時	三	念	起
정	종	시	삼	염	기
悉	是	卽	昧	念	從
실	시	즉	매	염	종
亦	三	從	海	無	知
역	삼	종	해	무	지

사경의 공덕은 십만억 부처님께 공양한 것과 같은 공덕이 있습니다.

사경의 공덕은 십만억 부처님께 공양한 것과 같은 공덕이 있습니다.

門	無	從	門		門	世
문	무	종	문		문	세
起	邊	演	起		普	界
기	변	연	기		보	계
從	廣	說			賢	海
종	광	설			현	해
知	大	一			菩	微
지	대	일			보	미
一	佛	切			薩	塵
일	불	체			살	진
切	身	法			從	數
체	신	법			종	수
微	雲	理			如	三
미	운	리			여	삼
塵	三	趣			是	昧
진	삼	취			시	매
中	昧	海			等	海
중	매	해			등	해
各	門	三			三	雲
각	문	삼			삼	운
有	起	昧			昧	得	世
유	기	매			매	득	세

사경의 공덕은 십만억 부처님께 공양한 것과 같은 공덕이 있습니다.

界계	如여	界계	世세	世세	界계	界계
海해	來래	海해	界계	界계	海해	海해
微미	功공	微미	海해	海해	微미	微미
塵진	德덕	塵진	微미	微미	塵진	塵진
數수	藏장	數수	塵진	塵진	數수	數수
一일	智지	普보	數수	數수	諸제	陀다
切체	光광	照조	修수	辯변	法법	羅라
如여	明명	法법	行행	才재	方방	尼니
來래	海해	界계	海해	門문	便편	海해
諸제	雲운	一일	雲운	海해	海해	雲운
力력	世세	切체	世세	雲운	雲운	世세

사경의 공덕은 십만억 부처님께 공양한 것과 같은 공덕이 있습니다.

大方廣佛華嚴經

中 중	輪 륜	率 솔	微 미	孔 공	海 해	智 지
普 보	般 반	天 천	塵 진	中 중	微 미	慧 혜
賢 현	涅 열	宮 궁	數 수	各 각	塵 진	無 무
菩 보	槃 반	沒 몰	一 일	現 현	數 수	差 차
薩 살	等 등	下 하	一 일	衆 중	一 일	別 별
從 종	海 해	生 생	菩 보	刹 찰	切 체	方 방
三 삼	雲 운	成 성	薩 살	海 해	如 여	便 편
昧 매	如 여	佛 불	示 시	雲 운	來 래	海 해
起 기	此 차	轉 전	現 현	世 세	一 일	雲 운
諸 제	世 세	正 정	從 종	界 계	一 일	世 세
菩 보	界 계	法 법	兜 두	海 해	毛 모	界 계

사경의 공덕은 십만억 부처님께 공양한 것과 같은 공덕이 있습니다.

衆 중	味 매	諸 제		一 일	界 계	薩 살
寶 보	力 력	佛 불	爾 이	一 일	海 해	衆 중
莊 장	故 고	威 위	時 시	塵 진	及 급	獲 획
嚴 엄	悉 실	神 신	十 시	中 중	彼 피	如 여
及 급	皆 개	力 력	方 방	悉 실	世 세	是 시
出 출	微 미	及 급	一 일	亦 역	界 계	益 익
妙 묘	動 동	普 보	切 체	如 여	海 해	如 여
音 음	一 일	賢 현	世 세	是 시	所 소	是 시
演 연	一 일	菩 보	界 계		有 유	一 일
說 설	世 세	薩 살	海 해		微 미	切 체
諸 제	界 계	三 삼	以 이		塵 진	世 세

사경의 공덕은 십만억 부처님께 공양한 것과 같은 공덕이 있습니다.

사경의 공덕은 십만억 부처님께 공양한 것과 같은 공덕이 있습니다.

一切佛刹道場摩尼王雲光
일체불찰도량마니왕운광

照十方種種變化摩尼王雲
조시방종종변화마니왕운

稱讚一切菩薩功德摩尼王
칭찬일체보살공덕마니왕

雲如日光熾盛摩尼王雲悅
운여일광치성마니왕운열

意樂音周聞十方摩尼王雲
의락음주문시방마니왕운

普雨如是十種大摩尼王
보우여시십종대마니왕

雲已一切如來諸毛孔中咸
운이일체여래제모공중함

放光明
방광명

普賢
보현

坐寶蓮華住
좌보연화주

一切
일체

無量
무량

普賢
보현

法界
법계

放光明於光明中而說頌言
방광명어광명중이설송언

普賢恒以三昧種種能入
보현항이삼매종종능입

坐寶蓮華住於諸刹
좌보연화주어제찰

一切神通靡不現
일체신통미불현

無量三昧皆能入
무량삼매개능입

普賢
보현

法界周流悉充滿
법계주류실충만

種種身
종종신

사경의 공덕은 십만억 부처님께 공양한 것과 같은 공덕이 있습니다.　　　　大方廣佛華嚴經 20

三	圓	一	種	一	十	如
삼	원	일	종	일	시	여
昧	音	切	種	一	方	一
매	음	체	종	일	방	일
神	廣	刹	三	神	國	切
신	광	찰	삼	신	국	체
通	說	中	昧	通	土	刹
통	설	중	매	통	토	찰
方	皆	諸	現	悉	無	如
방	개	제	현	실	무	여
便	無	佛	神	周	遺	來
편	무	불	신	주	유	래
力	礙	所	通	徧	者	所
력	애	소	통	변	자	소

사경의 공덕은 십만억 부처님께 공양한 것과 같은 공덕이 있습니다.

彼	所	毘	普	依	隨	示
피	소	비	보	의	수	시
刹	現	盧	賢	眞	諸	現
찰	현	로	현	진	제	현
塵	三	遮	身	而	衆	普
진	삼	자	신	이	중	보
中	昧	那	相	住	生	身
중	매	나	상	주	생	신
悉	神	之	如	非	心	等
실	신	지	여	비	심	등
亦	通	願	虛	國	所	一
역	통	원	허	국	소	일
然	事	力	空	土	欲	切
연	사	력	공	토	욕	체

사경의 공덕은 십만억 부처님께 공양한 것과 같은 공덕이 있습니다.

普 보	獲 획	一 일	悉 실	一 일	分 분	所 소
賢 현	此 차	切 체	現 현	切 체	身 신	現 현
安 안	佛 불	其 기	衆 중	住 주	國 국
住 주	量 량	身 신	形 형	海 해	彼 피	土 토
諸 제	神 신	所 소	而 이	無 무	亦 역	皆 개
大 대	通 통	有 유	詣 예	有 유	無 무	嚴 엄
願 원	力 력	刹 찰	彼 피	邊 변	量 량	淨 정

사경의 공덕은 십만억 부처님께 공양한 것과 같은 공덕이 있습니다.

一 일	普 보	所 소	震 진	令 영	一 일	種 종
刹 찰	賢 현	現 현	動 동	其 기	切 체	種 종
那 나	安 안	神 신	十 십	觀 관	佛 불	大 대
中 중	住 주	通 통	方 방	者 자	智 지	法 법
見 견	一 일	勝 승	靡 미	悉 실	功 공	皆 개
多 다	切 체	無 무	不 부	得 득	德 덕	成 성
劫 겁	刹 찰	比 비	周 주	見 견	力 력	滿 만

사경의 공덕은 십만억 부처님께 공양한 것과 같은 공덕이 있습니다.

爾時 一切 菩薩衆皆

佛光雲中讚功德

爲普顯示諸三昧

十方國土皆示現

如是已自在不思議

示往昔菩提

以諸三昧方便門

向普

賢 합
讚 합掌
言 瞻仰
從 諸 承
亦 因 佛 佛
眞 如 如 神
汝 嚴 平 來 法 力
一 已 如 等 願 而 同
切 佛 淨 虛 力 出 聲
佛 嚴 平 此 空 力 起 生

사경의 공덕은 십만억 부처님께 공양한 것과 같은 공덕이 있습니다.

悉실	一일	徧변	普보	等등	功공	普보
能능	切체	往왕	賢현	照조	德덕	賢현
詣예	塵진	十시	廣광	十시	智지	徧변
彼피	中중	方방	大대	方방	海해	住주
而이	所소	親친	功공	無무	光광	於어
明명	有유	近근	德덕	不불	明명	其기
現현	刹찰	佛불	海해	見견	者자	所소

사경의 공덕은 십만억 부처님께 공양한 것과 같은 공덕이 있습니다.

佛	諸	住	一	佛	悉	衆
불	제	주	일	불	실	중
子	如	於	切	子	詣	生
자	여	어	체	자	예	생
我	來	三	國	能	十	大
아	래	삼	국	능	시	대
曹	所	昧	土	以	方	海
조	소	매	토	이	방	해
常	悉	實	微	普	諸	咸
상	실	실	미	보	제	함
見	親	境	塵	徧	國	濟
견	친	경	진	변	국	제
汝	近	中	劫	身	土	度
여	근	중	겁	신	토	도

사경의 공덕은 십만억 부처님께 공양한 것과 같은 공덕이 있습니다.

如여 一일 演연 譬비 其기 入입 法법
雲운 切체 說설 如여 身신 於어 界계
廣광 功공 如여 虛허 無무 法법 微미
大대 德덕 來래 空공 盡진 界계 塵진
力력 光광 廣광 悉실 無무 一일 無무
殊수 明명 大대 周주 差차 切체 不불
勝승 者자 法법 徧변 別별 塵진 入입

國국	其기	演연	普보	爲위	說설	衆중
土토	音음	一일	賢현	度도	佛불	生생
云운	廣광	切체	勝승	衆중	所소	海해
何하	大대	法법	行행	生생	行행	中중
得득	靡미	如여	皆개	於어	無무	皆개
成성	不불	大대	修수	劫겁	等등	往왕
立립	聞문	雲운	習습	海해	法법	詣예

諸	及	願	此	悉	爲	一
제	급	원	차	실	위	일
佛	以	隨	中	在	轉	切
불	이	수	중	재	전	체
云	一	其	無	尊	清	諸
운	일	기	무	존	청	제
何	切	義	量	前	淨	佛
하	체	의	량	전	정	불
而	衆	如	大	恭	妙	皆
이	중	여	대	공	묘	개
出	生	實	衆	敬	法	隨
출	생	실	중	경	법	수
現	海	說	海	住	輪	喜
현	해	설	해	주	륜	희

爾時世界成就品第四

世尊以神力故普賢菩薩摩訶薩

觀察一切世界海一切衆生海一切諸佛海一切法界海一切衆生業海一切衆生根欲海一切諸佛法輪海一切三世海一切如來

사경의 공덕은 십만억 부처님께 공양한 것과 같은 공덕이 있습니다.

界業淨世場　願
安海智尊衆如力
立智不知海是海
海不可一諸觀一
智可思切菩察切
不思議世薩已如
可議知界言普來
思知一海佛告神
議一切成子一變
說切衆壞諸切海
一法生清佛道

사경의 공덕은 십만억 부처님께 공양한 것과 같은 공덕이 있습니다.

切	一	一	思	海	神	智
체	일	일	사	해	신	지
無	切	念	議	智	變	不
무	체	념	의	지	변	불
邊	欲	普	顯	不	海	可
변	욕	보	현	불	해	가
佛	解	知	示	可	智	思
불	해	지	시	가	지	사
海	根	一	一	思	不	議
해	근	일	일	사	불	의
智	海	切	切	議	可	建
지	해	체	체	의	가	건
不	智	三	如	示	思	立
불	지	삼	여	시	사	립
可	不	世	來	現	議	演
가	불	세	래	현	의	연
思	可	智	無	一	轉	說
사	가	지	무	일	전	설
議	思	不	量	切	法	海
의	사	불	량	체	법	해
入	議	可	願	佛	輪	不
입	의	가	원	불	륜	불

사경의 공덕은 십만억 부처님께 공양한 것과 같은 공덕이 있습니다.

海해	不불	邊변	及급	色색		可가
不불	可가	色색	隨수	相상		清청
可가	思사	相상	好호	海해	淨정	議의
思사	議의	光광	皆개	普보	佛불	
議의	種종	明명	清청	照조	身신	
殊수	種종	輪륜	淨정	明명	不불	
勝승	色색	海해	不불	不불	可가	
寶보	相상	具구	可가	可가	思사	
焰염	光광	足족	思사	思사	議의	
海해	明명	清청	議의	議의	無무	
不불	雲운	淨정	無무	相상	邊변	

사경의 공덕은 십만억 부처님께 공양한 것과 같은 공덕이 있습니다.

大方廣佛華嚴經

來래		空공	思사	議의	議의	可가
境경	安안	過과	議의	調조	示시	思사
界계	住주	者자	勇용	伏복	現현	議의
不불	佛불	不불	猛맹	成성	三삼	成성
可가	地지	可가	調조	熟숙	種종	就취
思사	不불	思사	伏복	一일	自자	言언
議의	可가	議의	諸제	切체	在재	音음
威위	思사		衆중	衆중	海해	海해
力력	議의		生생	生생	不불	不불
護호	入입		海해	不불	可가	可가
持지	如여		無무	可가	思사	思사

사경의 공덕은 십만억 부처님께 공양한 것과 같은 공덕이 있습니다.

不行推能三可議
可不伏過昧思一
思可不者不議切
議可不可思清佛
의관議思可思淨法
察諸議思議自無
一力無議神在能
切圓畏住通智毁
佛滿功無變不壞
智無德差化可不
所能無別不思可

사경의 공덕은 십만억 부처님께 공양한 것과 같은 공덕이 있습니다.

思議如是等一切如來法我當承佛

神力具足故宣說令一切眾生入佛智故神力故佛

慧海故宣說令一切菩薩於佛智

功德海中得令一切住故爲令一

切世界海一切佛自在所莊

故고	生생	海해	故고	世세	種종	嚴엄
爲위	諸제	而이	爲위	界계	性성	故고
令령	根근	演연	令령	海해	恒항	爲위
隨수	海해	說설	隨수	中중	不부	令령
一일	方방	故고	一일	顯현	斷단	一일
切체	便편	爲위	切체	示시	故고	切체
衆중	令영	令령	衆중	諸제	爲위	劫겁
生생	生생	隨수	生생	法법	令령	海해
樂락	諸제	一일	無무	眞진	於어	中중
欲욕	佛불	切체	量량	實실	一일	如여
海해	法법	衆중	解해	性성	切체	來래

사경의 공덕은 십만억 부처님께 공양한 것과 같은 공덕이 있습니다.

一	量		住	出	一	摧
일	량		주	출	일	최
切	道	是	普	要	切	破
체	도	시	보	요	체	파
法	場	時	賢	道	衆	一
법	량	시	현	도	중	일
增	衆	普	願	故	生	切
증	중	보	원	고	생	체
長	海	賢	海	爲	心	障
장	해	현	해	위	심	장
愛	生	菩	中	令	行	礙
애	생	보	중	령	행	애
樂	歡	薩	故	一	海	山
락	환	살	고	일	해	산
故	喜	復		切	令	故
고	희	부		체	영	고
令	故	欲		菩	淨	爲
영	고	욕		보	정	위
生	令	令		薩	修	令
생	령	령		살	수	령
廣	於	無		安	治	隨
광	어	무		안	치	수

사경의 공덕은 십만억 부처님께 공양한 것과 같은 공덕이 있습니다.

大	門	願	智	間	力	道
대	문	원	지	간	력	도
眞	法	海	眼	藏	持	場
진	법	해	안	장	지	량
實	界	故	大	一	中
실	계	고	고	대	일	중
信	藏	令	令	慧	切	盡
신	장	영	영	혜	체	진
解	身	淨	增	海	法	佛
해	신	정	증	해	법	불
海	故	治	長	故	輪	境
해	고	치	장	고	륜	경
故	令	入	普	令	故	界
고	영	입	보	영	고	계
令	安	三	照	生	令	悉
영	안	삼	조	생	영	실
淨	立	世	一	陀	於	開
정	립	세	일	다	어	개
治	普	平	切	羅	一	示
치	보	평	체	라	일	시
普	賢	等	世	尼	切	故
보	현	등	세	니	체	고

사경의 공덕은 십만억 부처님께 공양한 것과 같은 공덕이 있습니다.

				性성	增증	令영
				故고	長장	開개
光광	隨수	普보	智지	卽즉	法법	闡천
明명	諸제	現현	慧혜	說설	界계	一일
徧변	衆중	十시	甚심	頌송	廣광	切체
照조	生생	方방	深심	言언	大대	如여
轉전	所소	無무	功공		甚심	來래
法법	應응	量량	德덕		深심	法법
輪륜	見견	國국	海해		一일	門문
					切체	故고
					智지	令영

사경의 공덕은 십만억 부처님께 공양한 것과 같은 공덕이 있습니다.

十方 刹海 叵 파 思 사 議 의
佛 불 無 무 量 량 衆 중 劫 겁 皆 개 嚴 엄 淨 정
爲 위 化 화 一 일 衆 중 生 생 使 사 皆 개 成 성 熟 숙
佛 불 出 출 興 흥 甚 심 深 심 切 체 諸 제 國 국 土 토
普 보 示 시 境 경 衆 중 生 생 深 심 難 난 可 가 得 득 入 입 思 사
其 기 心 심 樂 락 小 소 着 착 諸 제 有 유

사경의 공덕은 십만억 부처님께 공양한 것과 같은 공덕이 있습니다.

不	若	常	一	此	離	常
불	약	상	일	차	이	상
能	有	得	切	乃	諸	樂
능	유	득	체	내	제	락
通	淨	親	諸	能	諂	慈
통	정	친	제	능	첨	자
達	信	近	佛	入	誑	悲
달	신	근	불	입	광	비
佛	堅	善	與	如	心	性
불	견	선	여	여	심	성
所	固	知	其	來	清	歡
소	고	지	기	래	청	환
悟	心	識	力	智	淨	喜
오	심	식	력	지	정	희

志	彼	安	修	觀	此	此
지	피	안	수	관	차	차
欲	聞	住	行	察	乃	諸
욕	문	주	행	찰	내	제
廣	此	普	菩	法	能	菩
광	차	보	보	법	능	보
大	法	賢	薩	界	知	薩
대	법	현	살	계	지	살
深	生	諸	清	如	佛	獲
심	생	제	청	여	불	획
信	欣	願	淨	虛	行	善
신	흔	원	정	허	행	선
人	悅	地	道	空	處	利
인	열	지	도	공	처	리

사경의 공덕은 십만억 부처님께 공양한 것과 같은 공덕이 있습니다.

毘비	轉전	如여	衆중	普보	修수	見견
盧로	正정	來래	生생	賢현	餘여	佛불
遮자	法법	一일	廣광	行행	道도	一일
那나	輪륜	切체	大대	人인	者지	切체
境경	靡미	皆개	無무	方방	莫막	神신
界계	不부	護호	有유	得득	能능	通통
力력	至지	念념	邊변	悟오	知지	力력

사경의 공덕은 십만억 부처님께 공양한 것과 같은 공덕이 있습니다.

一切刹土에 入我身하며
所住諸佛刹土에 亦入我身이라
汝應住觀我하면 諸佛境界이며
我今示汝하나니 願汝佛境界의 無邊際하라
普賢行을 我已修하여 得具足하니
普賢境界가 廣大身이로다

大方廣佛華嚴經

諸佛子야 諸菩薩摩訶薩이 應諦聽하라 佛所行處所有世界海莊嚴일새 一切諸佛神力所現諸佛世界海가 一切諸佛 十種事를 說過去現在未來諸佛所有世界海가 已說當說現說하나니 何者가 爲十인고 所謂世界海起具因緣과 所依住와 世界海形狀과 世界海

사경의 공덕은 십만억 부처님께 공양한 것과 같은 공덕이 있습니다.

未來諸佛已說　世界海　界海　海　住無　淨世　體性世

諸海有差界界世
佛微此別海海界
已塵十門劫佛海
說數事諸轉出莊
現等若佛變興嚴
說過廣子差世世
當去說略別界界
說現者說世海海
　在與　世界劫清

集 집	得 득	業 업	故 고	成 성	故 고	
善 선	故 고	故 고	法 법	何 하	一 일	諸 제
根 근	一 일	一 일	應 응	者 자	切 체	佛 불
故 고	切 체	切 체	如 여	爲 위	世 세	子 자
一 일	衆 중	菩 보	是 시	十 십	界 계	略 약
切 체	生 생	薩 살	故 고	所 소	海 해	說 설
菩 보	及 급	成 성	一 일	謂 위	已 이	以 이
薩 살	諸 제	一 일	切 체	如 여	成 성	十 십
嚴 엄	菩 보	切 체	衆 중	來 래	現 현	種 종
淨 정	薩 살	智 지	生 생	神 신	成 성	因 인
國 국	同 동	所 소	行 행	力 력	當 당	緣 연

사경의 공덕은 십만억 부처님께 공양한 것과 같은 공덕이 있습니다.

緣연	故고	勢세	流류	解해	退퇴	土토
若약	諸제	力력	及급	自자	行행	願원
廣광	佛불	故고	一일	在재	願원	力력
說설	子자	普보	切체	故고	故고	故고
者자	是시	賢현	諸제	一일	一일	一일
有유	爲위	菩보	佛불	切체	切체	切체
世세	略략	薩살	成성	如여	菩보	菩보
界계	說설	自자	道도	來래	薩살	薩살
海해	十십	在재	時시	善선	清청	成성
微미	種종	願원	自자	根근	淨정	就취
塵진	因인	力력	在재	所소	勝승	不불

사경의 공덕은 십만억 부처님께 공양한 것과 같은 공덕이 있습니다.

爾時普賢菩薩欲重宣其義承佛威力觀察十方而說頌言

毘盧遮那佛 所說無邊衆刹海 悉嚴淨

世尊境界不思議

智 지	菩 보	普 보	衆 중	菩 보	菩 보	勤 근
慧 혜	薩 살	隨 수	生 생	薩 살	薩 살	修 수
神 신	修 수	衆 중	心 심	國 국	趣 취	種 종
通 통	行 행	生 생	行 행	土 토	於 어	種 종
力 력	諸 제	心 심	廣 광	徧 변	一 일	自 자
如 여	願 원	所 소	無 무	十 시	切 체	在 재
是 시	海 해	欲 욕	邊 변	方 방	智 지	力 력

사경의 공덕은 십만억 부처님께 공양한 것과 같은 공덕이 있습니다.

無 무	廣 광	修 수	入 입	爲 위	一 일	衆 중
量 량	大 대	諸 제	佛 불	淨 정	一 일	生 생
願 원	刹 찰	行 행	境 경	十 시	土 토	煩 번
海 해	土 토	海 해	界 계	方 방	經 경	惱 뇌
普 보	皆 개	無 무	亦 역	諸 제	無 무	所 소
出 출	成 성	有 유	無 무	國 국	量 량	擾 요
生 생	就 취	邊 변	量 량	土 토	劫 겁	濁 탁

分別欲樂非思議
隨心造業不思議
一切剎剎成
佛子剎海莊嚴藏
離垢光明寶所成
斯由廣大信解心
十方所住咸如是

사경의 공덕은 십만억 부처님께 공양한 것과 같은 공덕이 있습니다.

菩薩能修普賢行
遊行法界無量刹道
塵中悉現無量塵刹
清淨廣大如虛空
等虛空界現神通
悉詣道場諸佛所
蓮華座上示衆相

사경의 공덕은 십만억 부처님께 공양한 것과 같은 공덕이 있습니다.

言諸佛子 一一世界海 爾時普賢菩薩 復告 大衆 此是毘盧遮那所嚴淨 以方便 悉皆入成 一切刹 念普現 於一三世 一身包 一一切刹

界계	依의	或혹	切체	光광	或혹	形형
海해	一일	依의	佛불	明명	依의	金금
微미	切체	一일	光광	住주	如여	剛강
塵진	莊장	切체	明명	或혹	幻환	手수
數수	嚴엄	寶보	住주	依의	業업	住주
所소	住주	光광	或혹	一일	生생	或혹
依의	或혹	明명	依의	切체	大대	依의
住주	依의	住주	一일	佛불	力력	一일
所소	虛허	或혹	切체	音음	阿아	切체
謂위	空공	依의	寶보	聲성	修수	世세
或혹	住주	一일	色색	住주	羅라	主주

사경의 공덕은 십만억 부처님께 공양한 것과 같은 공덕이 있습니다.

義의		依의	有유	別별	依의	身신
承승	爾이	住주	如여	莊장	普보	住주
佛불	時시		是시	嚴엄	賢현	或혹
威위	普보		等등	海해	菩보	依의
力력	賢현		世세	住주	薩살	一일
觀관	菩보		界계	諸제	願원	切체
察찰	薩살		海해	佛불	所소	菩보
十시	欲욕		微미	子자	生생	薩살
方방	重중		塵진	世세	一일	身신
而이	宣선		數수	界계	切체	住주
說설	其기		所소	海해	差차	或혹

사경의 공덕은 십만억 부처님께 공양한 것과 같은 공덕이 있습니다.

頌言(송언)

徧(변)	所(소)	如(여)	處(처)	或(혹)	無(무)
滿(만)	有(유)	來(래)	處(처)	有(유)	非(비)
十(시)	一(일)	神(신)	現(현)	種(종)	離(이)
方(방)	切(체)	力(력)	前(전)	種(종)	垢(구)
諸(제)	諸(제)	之(지)	皆(개)	諸(제)	寶(보)
虛(허)	國(국)	所(소)	可(가)	國(국)	所(소)
空(공)	土(토)	加(가)	見(견)	土(토)	成(성)
界(계)					

사경의 공덕은 십만억 부처님께 공양한 것과 같은 공덕이 있습니다.

清淨摩尼最殊妙
熾然普現光明剎海
或有清淨光明界
依止虛空界而住
或在摩尼寶海中藏
復有安住光明海
如來處此眾會海

演 연	諸 제	衆 중	有 유	狀 장	香 향	覆 부
說 설	佛 불	生 생	以 이	如 여	焰 염	以 이
法 법	境 경	見 견	摩 마	華 화	光 광	妙 묘
輪 륜	界 계	者 자	尼 니	燈 등	雲 운	寶 보
皆 개	廣 광	心 심	作 작	廣 광	色 색	光 광
巧 교	無 무	歡 환	嚴 엄	分 분	熾 치	明 명
妙 묘	邊 변	喜 희	飾 식	布 포	然 연	網 망

사경의 공덕은 십만억 부처님께 공양한 것과 같은 공덕이 있습니다.

或 安 廣 諸 或 以 諸
혹 안 광 제 혹 이 제
有 住 博 佛 有 佛 菩
유 주 박 불 유 불 보
刹 蓮 淸 妙 刹 威 薩
찰 연 청 묘 찰 위 살
土 華 淨 善 海 神 衆
토 화 정 선 해 신 중
無 深 與 莊 隨 得 徧
무 심 여 장 수 득 변
邊 大 世 嚴 輪 安 在
변 대 세 엄 륜 안 재
際 海 殊 故 轉 住 中
제 해 수 고 전 주 중

常	或	或	毘	常	或	香
見	有	復	盧	於	依	焰
無	住	有	遮	此	寶	雲
央	於	住	那	處	樹	中
廣	金	天	無	轉	平	亦
大	剛	主	上	法	均	復
寶	手	身	尊	輪	住	然

사경의 공덕은 십만억 부처님께 공양한 것과 같은 공덕이 있습니다.

或혹	毘비	廣광	或혹	或혹	有유	或혹
修수	盧로	大대	有유	有유	住주	有유
或혹	遮자	神신	住주	依의	堅견	依의
短단	那나	通통	於어	止지	固고	諸제
無무	此차	無무	華화	金금	金금	大대
量량	能능	不부	海해	剛강	剛강	水수
種종	現현	周주	中중	幢당	海해	中중

其기 妙묘 淸청 如여 一일 或혹 諸제
相상 莊장 淨정 是시 切체 有유 佛불
旋선 嚴엄 修수 種종 皆개 國국 如여
環환 藏장 治치 種종 依의 土토 雲운
亦역 與여 乃내 各각 願원 常상 悉실
非비 世세 能능 差차 海해 在재 充충
一일 殊수 見견 別별 住주 空공 徧변

或혹	或혹	或혹	住주	十시	一일	諸제
有유	時시	有유	於어	方방	切체	佛불
在재	而이	國국	諸제	諸제	皆개	音음
空공	有유	土토	菩보	佛불	於어	聲성
懸현	或혹	極극	薩살	大대	此차	咸함
覆복	無무	淸청	寶보	神신	中중	徧변
住주	有유	淨정	冠관	通통	見견	滿만

사경의 공덕은 십만억 부처님께 공양한 것과 같은 공덕이 있습니다.

斯 사	或 혹	清 청	如 여	如 여	或 혹	依 의
由 유	有 유	淨 정	影 영	因 인	現 현	止 지
業 업	國 국	離 이	如 여	陀 다	種 종	虛 허
力 력	土 토	垢 구	幻 환	網 망	種 종	空 공
之 지	周 주	從 종	廣 광	各 각	莊 장	而 이
所 소	法 법	心 심	無 무	差 차	嚴 엄	建 건
化 화	界 계	起 기	邊 변	別 별	藏 장	立 립

諸 제	佛 불	一 일	念 염	數 수	普 보	爲 위
業 업	力 력	一 일	念 념	皆 개	賢 현	欲 욕
境 경	顯 현	國 국	示 시	無 무	所 소	成 성
界 계	示 시	土 토	現 현	量 량	作 작	熟 숙
不 불	皆 개	微 미	諸 제	等 등	恒 항	衆 중
思 사	令 령	塵 진	佛 불	衆 중	如 여	生 생
議 의	見 견	內 내	刹 찰	生 생	是 시	故 고

사경의 공덕은 십만억 부처님께 공양한 것과 같은 공덕이 있습니다.

是中 廣大 法界 法界 諸佛 於一
修行 大神 之 國 大 雲
經劫 變 中 土 剎 平
海 靡 一 住 等
不 悉 其 悉
興 周 中 彌 充
海 徧 塵 覆 滿

사경의 공덕은 십만억 부처님께 공양한 것과 같은 공덕이 있습니다.

如(여) 一(일) 諸(제) 毘(비) 一(일) 如(여) 十(시)
一(일) 切(체) 佛(불) 盧(로) 切(체) 影(영) 方(방)
塵(진) 塵(진) 菩(보) 遮(자) 廣(광) 如(여) 不(불)
中(중) 內(내) 薩(살) 那(나) 大(대) 幻(환) 見(견)
自(자) 亦(역) 悉(실) 諸(제) 亦(역) 所(소)
在(재) 復(부) 能(능) 刹(찰) 神(신) 如(여) 從(종)
用(용) 然(연) 現(현) 土(토) 通(통) 焰(염) 生(생)

사경의 공덕은 십만억 부처님께 공양한 것과 같은 공덕이 있습니다.

言諸佛子世界海有種種差別

爾時普賢菩薩告大衆

廣大業由之所持願

莫不皆空中無暫循已復

於虛壞生成互循已復

滅壞生成互循已復

亦復無無來無去處

사경의 공덕은 십만억 부처님께 공양한 것과 같은 공덕이 있습니다.

	海 해	形 형	華 화	或 혹	圓 원	別 별
爾 이	微 미	或 혹	形 형	如 여	方 방	形 형
時 시	塵 진	如 여	或 혹	山 산	無 무	相 상
普 보	數 수	佛 불	如 여	焰 염	量 량	所 소
賢 현		形 형	宮 궁	形 형	差 차	謂 위
菩 보		如 여	殿 전	或 혹	別 별	或 혹
薩 살		是 시	形 형	如 여	或 혹	圓 원
欲 욕		等 등	或 혹	樹 수	如 여	或 혹
重 중		有 유	如 여	形 형	水 수	方 방
宣 선		世 세	衆 중	或 혹	漩 선	或 혹
其 기		界 계	生 생	如 여	形 형	非 비

사경의 공덕은 십만억 부처님께 공양한 것과 같은 공덕이 있습니다.

義承佛威力觀察十方而說
頌言

諸佛國土海　種種莊嚴
殊形共美　徧種種住
汝等咸應共觀察
其狀或圓或有方

或復三維 及八隅
摩尼輪狀 蓮華等
一切皆由 業令莊嚴異
或有清淨 焰燄好
眞金間錯 多殊
門闥競開 無壅滯
斯由業廣 意無雜

刹海無邊差別藏　譬如雲布在虛空
寶輪布地妙莊嚴　諸佛光明照耀中
一切佛國土明心分別現
種種光明而照現
佛於如是刹海中

各 或 受 斯 諸 一 等
각 혹 수 사 제 일 등
各 有 苦 由 流 毛 微
각 유 고 유 유 모 미
示 雜 受 業 轉 孔 塵
시 잡 수 업 전 공 진
現 染 樂 海 法 內 數
현 염 락 해 법 내 수
神 或 各 不 恒 難 種
신 혹 각 불 항 난 종
通 清 差 思 如 思 種
통 청 차 사 여 사 종
力 淨 別 議 是 刹 住
력 정 별 의 시 찰 주

사경의 공덕은 십만억 부처님께 공양한 것과 같은 공덕이 있습니다.

一一切塵中所現刹 佛悉往詣轉法輪 平坦高下各不同 種種差別各如塵數 於一衆塵中大小刹 在衆會中宣妙法 一一皆有徧照尊

皆是本願神通力
隨其心樂種種殊
於虛空中悉能作
一一國土中所有
一一切塵中佛皆入
普爲衆生起神變
毘盧遮那法如是

切以體爲種言
체 이 체 위 종 언
莊種或體體諸爾
장 종 혹 체 체 제 이
嚴種以或所佛時
엄 종 이 혹 소 불 시
光色一以謂子普
광 색 일 이 위 자 보
明光切一或應賢
명 광 체 일 혹 응 현
爲明寶寶以知菩
위 명 보 보 이 지 보
體爲光種一世薩
체 위 광 종 일 세 살
或體明種切界復
혹 체 명 종 체 계 부
以或爲寶寶海告
이 혹 위 장 보 해 고
不以體嚴莊有大
불 이 체 엄 장 유 대
可一或爲嚴種衆
가 일 혹 위 엄 종 중

사경의 공덕은 십만억 부처님께 공양한 것과 같은 공덕이 있습니다.

大方廣佛華嚴經 80

或爲一體變體壞
혹 위 일 체 변 체 괴
以體切或化或金
이 체 체 혹 화 혹 금
一或寶以爲以剛
일 혹 보 이 위 이 강
切以焰極體妙爲
체 이 염 극 체 묘 위
寶一爲微或寶體
보 일 위 미 혹 보 체
影切體細以相或
영 체 체 세 이 상 혹
像寶或寶日爲以
상 보 혹 보 일 위 이
爲華以爲摩體佛
위 화 이 위 마 체 불
體冠種體尼或力
체 관 종 체 니 혹 력
或爲種或輪以持
혹 위 종 혹 륜 이 지
以體香以爲佛爲
이 체 향 이 위 불 위

사경의 공덕은 십만억 부처님께 공양한 것과 같은 공덕이 있습니다.

一切莊嚴所示現 一念心普示現爲體
以爲菩薩普示現爲體 或以寶爲體 或以
藥爲爾體 或以形寶爲體 或華或以
義承時普賢菩薩言 音爲體寶體體或
頌言佛威力觀察十方 欲重而宣說其

或有諸刹海　光雲作嚴飾　或淨光爲體　一切是淨光　或堅固不可壞　或有諸刹海　妙寶所合成

從於願力生　菩薩共遊戲　復依依光明住　依止虛空不可知　出生不可知　安住寶寶所　妙寶所合成

如 或 衆 有 珠 或 猶
여 혹 중 유 유 혹 유
冠 從 寶 刹 輪 以 如
관 종 보 찰 륜 이 여
共 妙 光 寶 以 摩 影
공 묘 광 보 이 마 영
持 相 殊 焰 嚴 尼 像
지 상 수 염 엄 니 상
戴 生 妙 成 地 成 住
대 생 묘 성 지 성 주

斯 衆 皆 焰 菩 普 取
사 중 개 염 보 보 취
由 相 由 雲 薩 放 說
유 상 유 운 살 방 설
佛 莊 業 覆 悉 日 不
불 장 업 부 실 일 불
化 嚴 所 其 充 藏 可
화 엄 소 기 충 장 가
起 地 得 上 滿 光 得
기 지 득 상 만 광 득

或	如	或	諸	或	願
혹	여	혹	제	혹	원
從	幻	以	佛	普	力	爾
종	환	이	불	보	력	이
心	無	於	賢	所	時
심	무	어	현	소	시
海	處	光	中	菩	莊	普
해	처	광	중	보	장	보
生	所	明	現	薩	嚴	賢
생	소	명	현	살	엄	현

菩
보

薩	一	化	各	摩	一	隨
살	일	화	각	마	일	수
復	切	現	起	尼	切	心
부	체	현	기	니	체	심
告	皆	諸	神	光	是	所
고	개	제	신	광	시	소
大	殊	刹	通	爲	分	解
대	수	찰	통	위	분	해
衆	妙	海	力	體	別	住
중	묘	해	력	체	별	주

言種具一一現表
언종구일일현표
諸莊中切切示
제장중체체시
佛嚴出衆切一
불엄출중체일
子所上薩菩切
자소상살보체
應謂妙功業三
응위묘공업삼
知或雲德報願世
지혹운덕보원세
世以莊莊莊海佛
세이장장장해불
界一嚴嚴嚴莊影
계일엄엄엄장영
海切或或或嚴像
해체혹혹혹엄상
有莊以以以或莊
유장이이이혹장
種嚴說說示以嚴
종엄설설시이엄

사경의 공덕은 십만억 부처님께 공양한 것과 같은 공덕이 있습니다.

莊 장	嚴 엄	場 량	香 향	佛 불	通 통	或 혹
嚴 엄	或 혹	中 중	雲 운	身 신	境 경	以 이
如 여	以 이	諸 제	莊 장	莊 장	界 계	一 일
是 시	示 시	珍 진	嚴 엄	嚴 엄	莊 장	念 념
等 등	現 현	妙 묘	或 혹	或 혹	嚴 엄	頃 경
有 유	一 일	物 물	以 이	以 이	或 혹	示 시
世 세	切 체	光 광	示 시	出 출	以 이	現 현
界 계	普 보	明 명	現 현	現 현	出 출	無 무
海 해	賢 현	照 조	一 일	一 일	現 현	邊 변
微 미	行 행	耀 요	切 체	切 체	一 일	劫 겁
塵 진	願 원	莊 장	道 도	寶 보	切 체	神 신

사경의 공덕은 십만억 부처님께 공양한 것과 같은 공덕이 있습니다.

數義頌
爾義頌
時承
佛言
普
威
賢
力
菩
觀
薩
察
欲
十
重
方
宣
而
說
其

廣皆種
大由種
刹淸莊
海淨嚴
無業種
有所種
邊成住

사경의 공덕은 십만억 부처님께 공양한 것과 같은 공덕이 있습니다.

一切 無邊 廣大 十方 普演 菩薩 種種

無邊 色相 莊嚴 刹海 妙音 無邊 大

十方 皆 寶 非 常 而 功 所

徧滿 焰雲 一出 說 德 莊

現 法 海 嚴

三삼	皆개	於어	隨수	衆중	普보	此차
世세	由유	一일	其기	生생	震진	土토
所소	諸제	切체	感감	業업	十시	俱구
有유	佛불	處처	報보	海해	方방	時시
諸제	能능	莊장	各각	廣광	諸제	出출
如여	演연	嚴엄	不부	無무	刹찰	妙묘
來래	說설	中중	同동	量량	網망	音음

神	一	如	過	十	於	一
通	一	是	去	方	彼	一
普	事	嚴	未	一	所	皆
現	中	淨	來	切	有	於
諸	一	汝	現	諸	大	刹
刹	切	應	在	國	莊	中
海	佛	觀	劫	土	嚴	見

사경의 공덕은 십만억 부처님께 공양한 것과 같은 공덕이 있습니다.

數一切事中無量佛
爲令等衆生編世間
以此調伏起神通
一切莊嚴國土海
種種莊嚴吐妙雲
種華雲香焰雲
摩尼寶雲常出現

等 등	普 보	於 어	流 유	種 종	十 시	刹 찰
衆 중	賢 현	此 차	光 광	種 종	方 방	海 해
生 생	願 원	刹 찰	布 포	莊 장	所 소	以 이
劫 겁	行 행	海 해	迴 형	嚴 엄	有 유	此 차
勤 근	諸 제	咸 함	若 약	皆 개	成 성	爲 위
修 수	佛 불	令 령	彩 채	具 구	道 도	嚴 엄
習 습	子 자	見 견	雲 운	足 족	處 처	飾 식

同謂界言
善諸海諸爾
根菩微佛時無
故薩塵子普一邊
增親數應賢切國
長近清知菩處土
廣一淨世薩中悉
大切方界皆顯莊
功善便海復現嚴
德知海有告大
雲識所世衆

사경의 공덕은 십만억 부처님께 공양한 것과 같은 공덕이 있습니다.

一	故	而	圓	住	故	徧
일	고	이	원	주	고	변
切	修	入	滿	故	觀	法
체	수	입	만	고	관	법
莊	習	住	故	修	察	界
장	습	주	고	수	찰	계
嚴	一	故	觀	治	一	故
엄	일	고	관	치	일	고
海	切	出	察	一	切	淨
해	체	출	찰	일	체	정
故	出	生	一	切	菩	修
고	출	생	일	체	보	수
成	要	一	切	諸	薩	廣
성	요	일	체	제	살	광
就	行	切	菩	波	境	大
취	행	체	보	바	경	대
清	故	淨	薩	羅	界	諸
청	고	정	살	라	계	제
淨	入	願	諸	密	而	勝
정	입	원	제	밀	이	승
方	於	海	地	悉	安	解
방	어	해	지	실	안	해

사경의 공덕은 십만억 부처님께 공양한 것과 같은 공덕이 있습니다.

		頌 송	義 의		塵 진	便 편
		言 언	承 승	爾 이	數 수	力 력
無 무	一 일		佛 불	時 시		故 고
數 수	切 체		威 위	普 보		如 여
方 방	刹 찰		力 력	賢 현		是 시
便 편	海 해		觀 관	菩 보		等 등
願 원	諸 제		察 찰	薩 살		有 유
力 력	莊 장		十 시	欲 욕		世 세
生 생	嚴 엄		方 방	重 중		界 계
			而 이	宣 선		海 해
			說 설	其 기		微 미

사경의 공덕은 십만억 부처님께 공양한 것과 같은 공덕이 있습니다.

一切法門
以此莊嚴
慈悲廣大
同修善業
久遠親近
無量清淨
一切刹海

三昧
諸刹
徧衆
皆清
善知
業力
常光

等
海
生
淨
識
起
耀

禪定解脫方便地
於諸佛所悉方便治
以此出生諸刹淨海
發生無量決定異解
能解如來等無邊修治
忍海方便已等無修治
故能嚴淨無邊刹

願 원	悉 실	諸 제	一 일	譬 비	福 복	爲 위
波 바	已 이	度 도	切 체	如 여	德 덕	利 이
羅 라	修 수	無 무	刹 찰	雲 운	廣 광	衆 중
密 밀	行 행	量 량	海 해	布 포	大 대	生 생
無 무	令 령	等 등	皆 개	等 등	常 상	修 수
有 유	具 구	刹 찰	成 성	虛 허	增 증	勝 승
盡 진	足 족	塵 진	就 취	空 공	長 장	行 행

清淨剎海 從一切此生 淨修無邊等 出生群要行法 種種方便化國土 如是莊嚴便方國 修習莊嚴法門 入佛功德法門海

爾時(이시) 普賢(보현) 菩薩(보살) 復告(부고) 大衆(대중) 國土(국토) 無邊(무변) 悉(실) 清淨(청정) 供養(공양) 無一(무일) 切(체) 諸(제) 如來(여래) 普使(보사) 海(해) 衆(중) 生(생) 種(종) 善根(선근) 力(역) 大(대) 無(무) 與(여) 等(등) 廣大(광대) 廣(광) 淨(정) 刹(찰) 皆(개) 成就(성취) 普使(보사) 衆(중) 生(생) 竭(갈) 苦源(고원)

사경의 공덕은 십만억 부처님께 공양한 것과 같은 공덕이 있습니다.

有유	佛불	淨정	或혹	別별	有유	言언
顯현	土토	一일	現현	所소	世세	諸제
示시	或혹	佛불	短단	謂위	界계	佛불
不불	唯유	國국	壽수	或혹	海해	子자
可가	顯현	土토	或혹	現현	微미	應응
思사	示시	或혹	現현	小소	塵진	知지
議의	一일	有유	長장	身신	數수	一일
諸제	乘승	嚴엄	壽수	或혹	佛불	一일
乘승	法법	淨정	或혹	現현	出출	世세
法법	輪륜	無무	唯유	大대	現현	界계
輪륜	或혹	量량	嚴엄	身신	差차	海해

사경의 공덕은 십만억 부처님께 공양한 것과 같은 공덕이 있습니다.

或現調伏無邊衆生如是等有世界調
伏海 伏微塵數衆生 少分如是等有世界
義爾時普賢菩薩欲重宣其
頌言承佛威力普觀十方而說
諸佛種種方便門

사경의 공덕은 십만억 부처님께 공양한 것과 같은 공덕이 있습니다.

大方廣佛華嚴經

出興一切諸刹海
皆隨衆心所樂
此是隨如來善思權力
諸佛法身來不思議
無色無形無影像
能爲衆生現衆相
隨其心樂悉令見

사경의 공덕은 십만억 부처님께 공양한 것과 같은 공덕이 있습니다.

或為眾生現
或現住壽無量劫
或現短壽
法現身住十方
隨宜出現於世間
普現無量前
或隨有嚴淨
不思議
十方所有嚴淨
諸佛剎海
或唯嚴淨
一國土

於어	或혹	示시	或혹	一일	或혹	令영
一일	隨수	現현	中중		有유	少소
示시	衆중	難난	唯유	方방	自자	衆중
現현	生생	思사	宣선	便편	然연	生생
悉실	心심	種종	一일	現현	成성	住주
無무	所소	種종	乘승	無무	正정	於어
餘여	樂락	乘승	法법	量량	覺각	道도

사경의 공덕은 십만억 부처님께 공양한 것과 같은 공덕이 있습니다.

或 혹	開 개	或 혹	示 시	一 일	種 종	或 혹
有 유	悟 오	於 어	現 현	切 체	種 종	有 유
能 능	群 군	毛 모	無 무	世 세	方 방	言 언
於 어	迷 미	孔 공	量 량	間 간	便 편	音 음
一 일	無 무	出 출	無 무	皆 개	度 도	普 보
念 념	有 유	化 화	邊 변	現 현	群 군	周 주
中 중	數 수	雲 운	佛 불	觀 도	生 생	徧 변

大方廣佛華嚴經

隨수	不불	調조	或혹	衆중	佛불	十시
其기	可가	伏복	有유	會회	如여	方방
心심	思사	無무	無무	淸청	雲운	刹찰
樂락	議의	量량	量량	淨정	布포	海해
而이	大대	衆중	莊장	儼엄	在재	靡미
說설	劫겁	生생	嚴엄	然연	其기	不불
法법	中중	海해	國국	坐좌	中중	充충

사경의 공덕은 십만억 부처님께 공양한 것과 같은 공덕이 있습니다.

界(계) 言(언)
海(해) 諸(제) 爾(이)
微(미) 佛(불) 時(시) 一(일) 普(보) 隨(수) 諸(제)
塵(진) 子(자) 普(보) 切(체) 住(주) 衆(중) 佛(불)
數(수) 應(응) 賢(현) 國(국) 種(종) 生(생) 方(방)
劫(겁) 知(지) 菩(보) 土(토) 種(종) 心(심) 便(편)
住(주) 世(세) 薩(살) 皆(개) 莊(장) 悉(실) 不(불)
所(소) 界(계) 復(부) 周(주) 嚴(엄) 現(현) 思(사)
謂(위) 海(해) 告(고) 徧(변) 刹(찰) 前(전) 議(의)
或(혹) 有(유) 大(대)
有(유) 世(세) 衆(중)

사경의 공덕은 십만억 부처님께 공양한 것과 같은 공덕이 있습니다.

阿	或	住	可	或	說	劫
僧	有	或	稱	有	劫	住
祇	無	有	劫	不	住	如
劫	邊	不	住	可	或	是
住	劫	可	或	量	有	等
或	住	數	有	劫	不	有
有	或	劫	不	住	可	世
無	有	住	可	或	說	界
量	無	或	思	有	不	海
劫	等	有	劫	不	可	微
住	劫	不	住	可	說	塵

사경의 공덕은 십만억 부처님께 공양한 것과 같은 공덕이 있습니다.

數爾時普賢菩薩欲重宣其義承佛威力觀察十方而說頌言

十方國土　廣大方便所莊嚴　世界海中種種劫　咸觀見

사경의 공덕은 십만억 부처님께 공양한 것과 같은 공덕이 있습니다.

或(혹) 我(아) 以(이) 或(혹) 劫(겁) 我(아) 數(수)
住(주) 見(견) 佛(불) 長(장) 數(수) 見(견) 量(량)
國(국) 十(시) 音(음) 或(혹) 無(무) 十(시) 差(차)
土(토) 方(방) 聲(성) 短(단) 量(량) 方(방) 別(별)
微(미) 諸(제) 今(금) 或(혹) 等(등) 世(세) 悉(실)
塵(진) 刹(찰) 演(연) 無(무) 衆(중) 界(계) 明(명)
劫(겁) 海(해) 說(설) 邊(변) 生(생) 海(해) 了(료)

사경의 공덕은 십만억 부처님께 공양한 것과 같은 공덕이 있습니다.

往 왕	住 주	願 원	或 혹	或 혹	以 이	或 혹
昔 석	於 어	海 해	復 부	有 유	願 원	有 유
修 수	衆 중	安 안	染 염	純 순	種 종	一 일
行 행	生 생	立 립	淨 정	淨 정	種 종	劫 겁
刹 찰	心 심	種 종	二 이	或 혹	各 각	或 혹
塵 진	想 상	種 종	俱 구	純 순	不 부	無 무
劫 겁	中 중	殊 수	雜 잡	染 염	同 동	數 수

此 차	離 이	或 혹	有 유	永 영	諸 제	獲 획
淸 청	塵 진	名 명	名 명	住 주	佛 불	大 대
淨 정	光 광	等 등	種 종	無 무	境 경	淸 청
劫 겁	明 명	音 음	種 종	邊 변	界 계	淨 정
攝 섭	及 급	焰 염	寶 보	廣 광	具 구	世 세
一 일	賢 현	眼 안	光 광	大 대	莊 장	界 계
切 체	劫 겁	藏 장	明 명	劫 겁	嚴 엄	海 해

有유	或혹	無무	入입	或혹	一일
清청	一일	盡진	於어	無무	切체
淨정	方방	一일	量량	復부	劫겁
劫겁	中중	便편	劫겁	劫겁	海해
一일	無무	大대	種종	入입	種종
佛불	量량	願원	一일	多다	種종
興흥	現현	力력	劫겁	劫겁	門문

사경의 공덕은 십만억 부처님께 공양한 것과 같은 공덕이 있습니다.

十方國土皆明現
或於一切劫中皆莊嚴事
或一一劫中皆莊嚴觀
普入一切切無所邊嚴
始從一念終成劫
悉依眾生心想生

壞劫轉變染污衆生住故世
謂法如是故世界海無量成
界海微塵數劫轉變差別所
言諸佛子普賢菩薩復告大衆
爾時以一一切方便皆清淨
一切刹海劫無邊衆

界계	劫겁	發발	海해	劫겁	福복	界계
故고	轉전	菩보	成성	轉전	衆중	海해
世세	變변	提리	染염	變변	生생	成성
界계	諸제	心심	淨정	信신	住주	染염
海해	菩보	故고	劫겁	解해	故고	汚오
無무	薩살	世세	轉전	菩보	世세	劫겁
邊변	各각	界계	變변	薩살	界계	轉전
莊장	各각	海해	無무	住주	海해	變변
嚴엄	遊유	純순	量량	故고	成성	修수
劫겁	諸제	淸청	衆중	世세	染염	廣광
轉전	世세	淨정	生생	界계	淨정	大대

사경의 공덕은 십만억 부처님께 공양한 것과 같은 공덕이 있습니다.

變	雲	劫	世	出	博	化
변	운	겁	세	출	박	화
十	集	轉	界	現	嚴	故
시	집	전	계	현	엄	고
方	故	變	海	於	淨	世
방	고	변	해	어	정	세
一	世	諸	莊	世	劫	界
일	세	제	장	세	겁	계
切	界	佛	嚴	故	轉	海
체	계	불	엄	고	전	해
世	海	世	滅	一	變	普
세	해	세	멸	일	변	보
界	無	尊	劫	切	如	清
계	무	존	겁	체	여	청
海	量	入	轉	世	來	淨
해	량	입	전	세	래	정
諸	大	涅	變	界	神	劫
제	대	열	변	계	신	겁
菩	莊	槃	諸	海	通	轉
보	장	반	제	해	통	전
薩	嚴	故	佛	廣	變	變
살	엄	고	불	광	변	변

사경의 공덕은 십만억 부처님께 공양한 것과 같은 공덕이 있습니다.

如是等有世界海微塵數 爾時普賢菩薩 欲觀察十方而宣說其義 承佛威力 普觀十方 一切諸佛國土 皆隨業力如是生 汝等應觀諸佛 頌言 染污諸眾生 業惑纏可怖 轉變相如是

彼피 無무 隨수 信신 彼피 若약 彼피
心심 量량 其기 解해 心심 有유 心심
令령 諸제 心심 諸제 令령 淸청 令령
刹찰 衆중 所소 菩보 刹찰 淨정 刹찰
海해 生생 有유 薩살 海해 心심 海해

住주 悉실 雜잡 於어 雜잡 修수 一일
劫겁 發발 染염 彼피 染염 諸제 切체
恒항 菩보 淸청 劫겁 及급 福복 成성
淸청 提리 淨정 中중 淸청 德덕 染염
淨정 心심 見견 生생 淨정 行행 汚오

사경의 공덕은 십만억 부처님께 공양한 것과 같은 공덕이 있습니다.

若 衆 世 菩 一 莊 無
약 중 세 보 일 장 무
有 生 尊 薩 一 嚴 量
유 생 존 살 일 엄 량
佛 無 入 共 微 無 億
불 무 입 공 미 무 억
興 法 涅 雲 塵 有 菩
흥 법 열 운 진 유 보
世 器 槃 集 內 殊 薩
세 기 반 집 내 수 살

一 世 彼 國 佛 劫 往
일 세 피 국 불 겁 왕
切 界 土 土 刹 中 詣
체 계 토 도 찰 중 예
悉 成 莊 皆 如 差 於
실 성 장 개 여 차 어
珍 雜 嚴 淸 塵 別 十
진 잡 엄 청 진 별 시
好 染 滅 淨 數 見 方
호 염 멸 정 수 견 방

사경의 공덕은 십만억 부처님께 공양한 것과 같은 공덕이 있습니다.

大方廣佛華嚴經

佛	無	界	徧	別	中	數
불	무	계	변	별	중	수
光	差	海	十	一	諸	世
광	차	해	시	일	제	세
明	別	中	方	一	佛	界
명	별	중	방	일	불	계
徧	一	一	法	世	出	無
변	일	일	법	세	출	무
法	一	切	界	界	現	差
법	일	체	계	계	현	차
界	世	如	無	海	所	別
계	세	여	무	해	소	별
無	界	來	差	中	有	一
무	계	래	차	중	유	일
差	海	道	別	一	威	一
차	해	도	별	일	위	일
別	中	場	一	切	力	世
별	중	량	일	체	력	세
一	一	衆	一	道	無	界
일	일	중	일	도	무	계
一	切	會	世	場	差	海
일	체	회	세	량	차	해

사경의 공덕은 십만억 부처님께 공양한 것과 같은 공덕이 있습니다.

世세	無무	佛불	住주	輪륜	中중	差차
界계	差차	音음	無무	方방	一일	別별
海해	別별	聲성	差차	便편	切체	一일
中중	一일	普보	別별	無무	世세	一일
一일	一일	徧변	一일	差차	界계	世세
切체	世세	世세	一일	別별	海해	界계
佛불	界계	界계	世세	一일	普보	海해
變변	海해	海해	界계	一일	入입	中중
化화	中중	無무	海해	世세	一일	一일
名명	一일	邊변	中중	界계	塵진	一일
號호	切체	劫겁	法법	海해	無무	微미

사경의 공덕은 십만억 부처님께 공양한 것과 같은 공덕이 있습니다.

義의		無무	若약	子자	境경	塵진
承승	爾이	差차	廣광	世세	界계	一일
佛불	時시	別별	說설	界계	皆개	切체
威위	普보		者자	海해	於어	三삼
力력	賢현		有유	無무	中중	世세
觀관	菩보		世세	差차	現현	諸제
察찰	薩살		界계	別별	無무	佛불
十시	欲욕		海해	略략	差차	世세
方방	重중		微미	說설	別별	尊존
而이	宣선		塵진	如여	諸제	廣광
說설	其기		數수	是시	佛불	大대

사경의 공덕은 십만억 부처님께 공양한 것과 같은 공덕이 있습니다.

頌言(송언)

一處(일처) 一如(일여) 一一(일일) 隨(수)
微所(미소) 是(시) 一一(일일) 衆(중)
塵各(진각) 無(무) 區(구) 塵(진) 生(생)
中別(중별) 量(량) 分(분) 內(내) 心(심)
多悉(다실) 入(입) 無(무) 難(난) 普(보)
刹嚴(찰엄) 一(일) 雜(잡) 思(사) 現(현)
海淨(해정) 中(중) 越(월) 佛(불) 前(전)

사경의 공덕은 십만억 부처님께 공양한 것과 같은 공덕이 있습니다.

一如十種一如一
일여시종일여일
一是方種一是切
일시방종일시체
塵一國莊塵方刹
진일국장진방찰
內切土嚴中便海
내체토엄중편해
微無皆悉諸無靡
미무개실제무미
塵差同垂樹差不
진차동수수차부
衆別現布王別周
중별현포왕별주

사경의 공덕은 십만억 부처님께 공양한 것과 같은 공덕이 있습니다.

悉실 出출 亦역 一일 普보 悉실 一일
共공 過과 不불 徧변 現현 切체
圍위 一일 一일 十시 諸제 刹찰
遶요 切체 塵진 方방 佛불 海해
人인 徧변 相상 無무 諸제 菩보 無무
中중 世세 雜잡 量량 國국 提리 差차
主주 間간 亂란 光광 土토 行행 別별

사경의 공덕은 십만억 부처님께 공양한 것과 같은 공덕이 있습니다. 大方廣佛華嚴經 129

變化如雲 普周編
一塵中 無量徧身
以佛神通力
十方國土中
一一方 塵中 說衆無別品
其法清淨 如輪轉
種種方便自在門

一一切皆演諸佛音
一一塵中普演諸佛
充滿諸法普演諸佛
編住刹法演諸佛音
如是音聲海亦無央劫
刹海無量妙莊嚴
於一一塵中無不入

사경의 공덕은 십만억 부처님께 공양한 것과 같은 공덕이 있습니다.

如是諸佛神通力
一一切皆由業性起
一一塵中悉三世
隨其所樂令見佛
體性無所來亦無所去
以願力故徧世間

發 願 文

귀의 삼보하옵고
거룩하신 부처님께 발원하옵나이다.

주 소 : _____

전 화 : _____ 불명 : _____ 성 명 : _____

불기 25 _____ 년 _____ 월 _____ 일